इंद्रधनुष

अनिल कुमार जसवाल

XpressPublishing
An imprint of Notion Press

XpressPublishing
An imprint of Notion Press

Old No. 38, New No. 6
McNichols Road, Chetpet
Chennai - 600 031

First Published by Notion Press 2020
Copyright © Anil Kumar Jaiswal 2020
All Rights Reserved.

ISBN 978-1-64892-196-4

This book has been published with all efforts taken to make the material error-free after the consent of the author. However, the author and the publisher do not assume and hereby disclaim any liability to any party for any loss, damage, or disruption caused by errors or omissions, whether such errors or omissions result from negligence, accident, or any other cause.

While every effort has been made to avoid any mistake or omission, this publication is being sold on the condition and understanding that neither the author nor the publishers or printers would be liable in any manner to any person by reason of any mistake or omission in this publication or for any action taken or omitted to be taken or advice rendered or accepted on the basis of this work. For any defect in printing or binding the publishers will be liable only to replace the defective copy by another copy of this work then available.

क्रम-सूची

1. रिश्तों की एहमियत 1

2. समय को हराना 2

3. मन विचलित करता 3

4. फूर्सत के पल 4

5. अनुशासन का नहीं विकल्प 5

6. चांद और आशिक 6

7. तन्हाई बहुत काम की 7

8. संगीत का सृजन 8

9. ध्यान और समय 9

10. होंसला और दिलासा 10

11. आंखें और दिल 11

12. जिंदगी कैसे होगी पुरी 12

13. दिल! तूं भी बोल 13

14. आईना भी सर्द हो गया 14

15. चेहरा उड़ा उड़ा 15

16. रोशनी उजाला लाती 16

17. मुसाफिर और मंजिल 17

18. बच्चे मन के सच्चे 18

19. उसका मुंह फेरना 19

20. हवाओं को सलाम 20

21. होली मनाओ, हमजोली 21

22. पहला प्यार 22

क्रम-सूची

23. किताबें कभी न धोखा देवें	23
24. गुलाब की लालगी	24
25. आंखें नहीं थकती	25
26. नतीजा मुश्किल में डाल देता	26
27. जख्म उभरते रहे	27
28. मुखोटा	28
29. अंजान राहें	29
30. दिल बेचारा, मुसीबत का मारा	30
31. आप आइए तो सही	31
32. बहस छोड़ो	32
33. बजह तो ढूंढों	33
34. मानव है अधूरा	34
35. कभी कम मत आंको	35
36. इश्क में हारे	36
37. सहिए किसी हद तक	37
38. अपना दिमाग, अपना लहजा	38
39. हिंदी- मेरी मातृभाषा	39
40. उसकी बेताबी	40
41. लिफाफे का रहस्य	41
42. बच्चा बनना, कठिन काम	42
43. उस गुमशुदा का पता	43
44. झूठा प्यार का एहसास	44

क्रम-सूची

45. उसकी खुशबू में तरोतर   45
46. बिना पंख   46
47. छोटा बच्चा   47
48. मन की उड़ान   48
49. सपनों को पंख   49
50. आखरी मुलाकात   50

1. रिश्तों की एहमियत

सबसे बड़ा रिश्ता,
प्यार और महौबत का,
इसमें जो सच्चाई,
वो कहीं और देखने को न मिले।
ऐसा होता संबंध,
अगर चोट मुझे लगे,
तो दर्द हो उसे,
और अगर चोट उसे लगे,
तो दर्द हो मुझे।
एक वक्त ऐसा आता,
बाकी सब भूल जाता,
बस यही याद रह जाता।

2. समय को हराना

ये सच,
समय बहुत वलवान,
किंतु इस बार इंसान ने ली ठान,
डट कर करेंगे मुकाबला,
हारी बाजी जीतकर दिखाएंगे।
मुझे लगता,
समय को हो गया गुमान,
क्योंकि इंसान करता रहा लिहाज।
इस बार,
इस निर्मोही ने,
डाला इंसान के गिरेबान में हाथ,
अब इंसान ने भी बना लिया मन।
दिखा देंगे हम,
समय को जैसे रावण ने रखा था बांध के,
इस बार हम भी दिखाएंगे हथकड़ी डाल के।

3. मन विचलित करता

मन बहुत चंचल,
एक पल इधर,
दुसरे पर उधर,
कहीं नहीं टिकता,
फिर सांत्वना देने से भी काम चलता।
इसे तो तभी आए चैन,
जब तुमसे बन जाए बात।
लेकिन मेरा और तुम्हारा,
है बहुत बड़ा फांसला,
फिर भी है उम्मीद,
भगवान नहीं है कठोर,
वो सच्चाई का साथ देगा,
और जमाना हम दोनों को साथ देखेगा।

4. फूर्सत के पल

हैं फ्री,
आफिस भी घर बन गया,
थोड़ी थोड़ी बारिश लगी हुई,
चाय की हांडी चढ़ी हुई,
बस दुध डालो,
उबालो,
और तन को चाय मगन कर डालो।
फिर ऐसा जोश आता,
बंदा हुसैन वोल्ट को भी मात दे डालता,
ये दौर दिनभर चलता।
कुछ और नहीं पी सकता,
चाय को ही अपना हमदर्द समझता।

5. अनुशासन का नहीं विकल्प

अनुशासन सभ्य समाज की नींव,
इससे बनता राष्ट्र महान,
और फिर राष्ट्र का होता दुनिया में नाम।
समस्याओं से मिलता छुटकारा तुरंत,
भेदभाव जाता मिट,
सबकुछ चलता नियम से,
कहीं नहीं होता पक्षपात,
यही है अच्छे राष्ट्र की मिसाल।

6. चांद और आशिक

चांद छिपा बादलों में,
खेले आंख मिचौली रात में,
जैसे आशिक ढूंढें माशूक,
नहीं पहचान पाए अंधेरे में।
रात लगे दिवार सी,
बहुत कोशिश करें फांदने की,
असफल हो हर बार,
लेकिन कोशिश का जनून,
नहीं लेने दे चैन।

7. तन्हाई बहुत काम की

ये किसी हद तक ठीक,
एक नया विचार कौंधता,
एक नया अंकुर फूटता,
किसी रचना का पौधा बनने की और बढ़ता,
उसमें सूझ बूझ का खाद और पानी डलता,
व्याकरण और शब्दों का उपयोग होता,
अंत में कोई निष्कर्ष निकलता,
एक नया संगीत उमड़ता,
वो तन्हाई को खत्म करता,
और एक सहित्य जन्म लेता।

8. संगीत का सृजन

जब मन में भाव आते,
खुशीयां ले जाते,
दिल में तरंगें उठती,
मन का पयानो धून छेड़ता,
प्यार का समां बंधता।
आशिक और माशूक डूब जाते,
महौबतों के राग अलापते,
बहारें महक जाती,
कलियां खिलती,
भंवरें गुनगुनाते,
और चारों तरफ नगमें चहकते।

9. ध्यान और समय

ध्यान देना तो ठीक,
परंतु समय की भी एहमियत,
समय सबसे बलवान,
अगर इसमें हो विलंब,
तो फिर हर काम में आए मुश्किल।
ध्यान आवश्यक,
लेकिन समय सर्वोत्तम।

10. होंसला और दिलासा

होंसला अच्छा शब्द,
दिलासे के लिए।
कोई कहे,
होंसला रखिए,
मन को मिलती सांत्वना,
तनाव जाता घट।
किंतु एक वक्त ऐसा भी आता,
जब बातों से काम नहीं चलता,
कुछ कर के दिखाना पड़ता,
वरना कोरे दिलासों पे,
विश्वास उठ जाता।

11. आंखें और दिल

आंखें हमें दिखाती दुनिया,
सब अच्छा बुरा लाती सामने।
किंतु पैदा करो आंखों में चमक,
जो दिखाएं,
अच्छे बुरे का फर्क।
दोस्तो! सिर्फ आंखों से ही मत देखो दुनिया,
दिल की आंखों से भी लो काम,
दोनों को मिलाके करो निर्णय,
तभी कर पाओगे सही चुनाव।

12. जिंदगी कैसे होगी पुरी

बात में है दम,
जिंदगी है किमती,
इसको दो सबसे अधिक एहमियत,
तभी आएगा सकून,
जीवन होगा भरपूर।
लेकिन सकून सिर्फ बातों से नहीं आता,
दिल्लासों से नहीं आता।
इंसान की बहुत जरूरतें,
उनमें से कुछ तो हों पुरी,
तभी जिंदगी होगी जीने लायक,
वरना रहेगी अधुरी।

13. दिल! तूं भी बोल

दिल की कहने को बहुत मन करता,
किंतु दिल की सुनना कौन चाहता,
या किसे बनाएं राज़दार,
जो दिल के मनसूबों का रखे ख्याल।
दिल की बात होती बज़नदार,
दो जिदगीयों का होता मिलाप।
मैं नहीं चाहता,
कोई दुसरा आहात होगा।
अगर समझ उसे,
तो मैंने कह दिया बहुत कुछ,
अब उसको बढ़ाना चाहिए कदम।

14. आईना भी सर्द हो गया

आईना धूंधला गया,
कोहरा छा गया,
सूरज छिप गया,
सर्दी बढ़ गई,
कंपकंपी आ गई,
रजाई निकल गई,
चाए की जरूरत पड़ी,
फिर कहीं गर्मी मिली,
और राहत की सांस ली।

15. चेहरा उड़ा उड़ा

ये चेहरा उड़ा उड़ा,
रंगत फीकी फीकी,
होंठ मुरझाए हुए,
जूल्फें उल्झी हुई,
आंखें आंसूओं से भरी हुई,
दिल की धड़कनें बड़ी हुई,
चाल ढाल बिगड़ी हुई,
ये कैसी उदासी छाई हुई।
शायद प्रियतम के बिछड़ने का दुःख,
दिल के टुकड़े टुकड़े हो जाने का दुःख,
दुनिया लुट जाने का दुःख,
फिर उदासी तो होगी मेहरबान।

16. रोशनी उजाला लाती

रोशनी ओ रोशनी,
तूं है इतनी दूर खड़ी,
हर कोई तूझे चाहे,
किंतु तूं किसी के भी हाथ न आए।
सब सौ यत्न लगाएं,
अलग-अलग मनसूबे गढ़ जाएं,
तेरे पे मर मिट जाएं,
फिर भी खाली लौट आए।
जिसके अंदर तूं बस जाए,
वो सफलताएं पाए,
सब पे हकूमत चलाए,
जीवन में आनंद विभोर हो जाए।

17. मुसाफिर और मंजिल

मुसाफिर जरुर पलटे,
किंतु उसे मंजिल तो दिखे,
अगर मंजिल की न हो आस,
तो फिर पलटना बेकार।
अंधेरी गली में बढ़ता जाता,
जिसका कोई अंत नजर नहीं आता,
बस एक अनिश्चिताओं से भरा सफर,
न मालूम,
कौन अपना कौन पराया।

18. बच्चे मन के सच्चे

बात तो सच,
लेकिन सिखना होता कठिन,
बच्चे भगवान का रुप,
फर्क नहीं करते किसी में,
जो भी प्यार से बोलता,
हो जाते उसी के।
लेकिन जैसे जैसे इंसान बड़ा होता जाता,
तो फिर दुनिया के कुचक्र में फंस जाता,
हर तरफ उसको नफा नुकसान नजर आता,
जिससे बच्चा कोसों दूर रहता।

19. उसका मुंह फेरना

तुमने जो मुंह फेर लिया,
वहीं वक्त थम गया,
तुम्हें नहीं मालूम,
इश्क में हम,
कभी नहीं जीते,
बस एक और हार सही।
आखिर तुम्हारा दिल धड़का,
तो सही,
हमने सुन रखा,
मैहबूब का हर इंकार,
होता है इकरार।
तुम कहोगी,
गलतफहमी,
चलो ऐसा ही सही,
कम से कम,
तुम्हारी फितरत तो पता चली।

20. हवाओं को सलाम

हवाओं पे लिखा,
उसको पैगाम,
बुलाया घड़ी दो घड़ी,
सुबह शाम।
अब तो आओ,
हम से भी दो बातें कर जाओ।
लेकिन हवाएं,
तो हैं हवाएं,
ये कब मानती,
लिखें किसी और को,
कहीं और पहुंच जाती।
हमने भी सोचा,
तब तक लिखेंगे,
जब तक तुम्हारी और की हवाएं,
हमारे शब्द,
तुम्हारे दिल में न डाल दें।

21. होली मनाओ, हमजोली

रंगों का त्योहार,
होली है यार,
सबको इतना रंग दो,
सब लगें एक जैसे,
कोई फर्क नहीं कर पाए कैसे।
ऐसा करिश्मा होता कहां,
जब सब छोटे बड़े,
दोस्त दुश्मन,
खेलते इकट्ठे,
बैर विरोध भूल जाते दशकों के।
होती नई शुरुआत,
होली के साथ,
भांग का भी होता नजारा,
नशे में घुमता नजर आता जग सारा।

22. पहला प्यार

पहला प्यार,
था मजेदार,
उसका इंतजार करना,
छुप-छुप के निहारना,
बात बात पे उसकी दाद देना,
ये था पहला प्यार••••••••••
उसकी जानकारी लेना,
बहाने से उसके घर जाना,
उसको अननोन मैसेज भेजना,
उसके पीछे लोगों से उलझना,
ये था पहला प्यार••••••••
उसकी सहेली पटाना,
उसके थरू बात चलाना,
नींदें उड़ जाना,
बस हाल बेहाल हो जाना।

23. किताबें कभी न धोखा देवें

ये दुनिया सबसे हसीन,
जिसे हो ये आदत,
कभी होता नहीं गमगीन,
रोज़ नये नये किस्से गढ़ता,
नई नई बातें करता,
नये नये अजूबे खोजता,
किताबों की दुनिया में ही,
ये सब होता।
ये ऐसा खजाना,
जितना करो खर्च,
उससे कई गुना बढ़ जाता,
आज टैक्नोलॉजी ने किया कमाल,
ये सबकुछ है इंटरनेट पे जनाब।

24. गुलाब की लालगी

मैं हूं लाल,
जैसे गोरी के गाल,
पंखुरी जैसे,
गोरी के होंठ।
ये हैं प्यार महौबत का दूत,
जिसे भी दे दो,
वो बन जाए माशूक।
फिर हो सिलसिला शुरू,
लैला-मजनूं, सोनी-महिवाल, हीर-रांझा
रोमियो जूलियट के दस्तूर का,
अंत में बन जाता,
महौबत का ग्रंथ।

25. आंखें नहीं थकती

इन आंखों ने लाखों किस्से देखे,
कई अच्छे कई बुरे,
लेकिन कंबख्त ये नहीं थकती,
बल्कि और देखने की चाहत बढ़ती।
काश! सारा संसार अंधा होता,
कम से कम सबको एक सा दिखता,
एक ही रंग लगता,
अंधेरे में सब अच्छा बुरा छिप जाता।

26. नतीजा मुश्किल में डाल देता

आखिर बहुत सोचा,
लेकिन कुछ न मिला,
घड़ी के घंटें की तरह,
कभी इधर से उधर,
और फिर उधर से इधर,
घूमते रहे।
थक हार के,
लाचार हो गये,
कुछ नहीं सूझा,
किस्मत के सहारे,
सबकुछ लुटा।

27. जख्म उभरते रहे

जख्म नहीं सिलते,
जब तक वो नहीं मिलते,
बस दर्द सहम जाता,
वक्त के साथ,
और कोई दूसरा आगे आ जाता।
पुरानी कहानी धुंधली पड़ जाती,
नया ज़ज्बात उभर आता,
नये अफसाने गढ़ जाता।

28. मुखोटा

ये है मुखौटा,
छिपाता लगाने वाले की सच्चाई,
दिखाता बाकियों की हलचल,
ये नहीं कोई हंसने की बात।
जैसा भी लगाओ,
वैसे हाव-भाव पाओ,
आए धोखा देने के काम,
कभी नहीं बंया होने देता सच्चे हालात।

29. अंजान राहें

हम जिस राह पे भी चले,
हमेशाचूके, हमेशा भटके, कभी मंजिल पे न पहुंचे। ऐसालगा,
जैसे पकड़ी कोई अंजान राह।
लेकिन हमें गिला,
है अपनी किस्मत से,
ये खूब छकाती,
हर बार हराती,
और इसी चक्र में मंजिल छूट जाती।

30. दिल बेचारा, मुसीबत का मारा

अगर मैहबूब को सताओगी,
हर बार तमतमाओगी,
प्यार से घबराओगी,
पास आने से डर जाओगी,
तो दिल का यही हाल होगा,
रहेगा दबदबा,
और चेहरे का रंग रहेगा उड़ा उड़ा।
मेरी मानो,
कर दो पहल,
शायद बात बने,
तो खुदा का शुक्र,
और अगर बिगड़े,
तो नहीं था नसीब।

31. आप आइए तो सही

आप कदम बढ़ाइए,
फिर देखिए,
हम उठाएंगे आपके सारे नखरे,
मिलना तो क्या,
हर जगह साथ निभाएंगे।
आपको कभी नहीं मैहसूस कराएंगे,
कि आपने कभी सताया था हमें,
उसके बदले में,
हम कुछ कर गुजरेंगे।
शायद आपकी मंशा कुछ और,
हम तो सिर्फ़ एक जरिया।

32. बहस छोड़ो

खूब कही,
बहस नहीं,
समझो हर बात,
और फिर निकालो समाधान।
लेकिन क्या बहस बिना कुछ निकलेगा निष्कर्ष,
कैसे पता चलेगा दुसरे का मत।
हां! ऐसा हो सकता,
बनाएं जाएं नियम,
उनके दायरे में हो बहस,
फिर जो आए निष्कर्ष,
लागू किया जाए बेझिझक।

33. बजह तो ढूंढों

न उसे था मालूम,
न मुझे था पता,
वो कहती थी तुम,
और मैं कहता था तुम,
बस इस हेर फेर में ऐसे फंसे,
लम्हें सारे बेकार हुए,
इसी बजह से रह गए वैसे के वैसे।
जब कभी भी कदम बढ़ाया,
कुछ भी मालूम न हो पाया,
शायद संयोग नहीं था,
भाग्य में मेल नहीं था।

34. मानव है अधूरा

शायद मानव भी कभी संपूर्ण हुआ,
कुछ न कुछ अखरता रहता,
और ये शोर जीवन भर चलता।
कोई पैसे का मोहताज,
कोई साथी से मैहरूम,
कोई बीमारी से चूर,
लेकिन जीवन तो काटना पड़ता हजूर।
समझदारी इसी में,
कुछ समझौता कर लो,
वरना कठिन राह पे चल दो।

35. कभी कम मत आंको

हम भी हैं एक टूटा हुआ फूल,
जो कुछ समय में मुरझाएगा,
फिर किसी भी काम का न रह जाएगा,
धीरे-धीरे नष्ट हो जाएगा,
अंत में मिट्टी में मिल जाएगा।
लेकिन हुआ बिल्कुल उल्टा,
हम भी निकले ऐसे झाड़,
जो महकाते रहे चमन,
यहां तक कि होने पे शाख से भी अलग।

36. इश्क में हारे

इश्क ऐसी बाज़ी,
इसमें किसी किस्मत वाले को ही जीत हासिल होती,
लेकिन एक इंसान को बहुत सीख मिलती,
सारी दुनिया खुबसूरत लगती,
मेलजोल से रहने की आदत पड़ती।
खुशी और ग़म दोनों साथ-साथ,
होते इश्क के ही खिदमतगार,
अगर हो जाओ कामयाब,
तो जन्नत जमीं पे ही मिल जाती।
और अगर टूट जाए दिल,
तो फिर जिंदगी हो जाए वोझिल।

37. सहिए किसी हद तक

सहने की भी सीमाएं,
अगर बात इज्जत पे आ जाए,
तो अच्छा है,
कह दो गुड बाय।
इस बात में भी दम,
सहना पड़ता बहुत कुछ,
लेकिन उसकी खिंचनी पड़ती हदें,
अगर लाघें कोई उनको,
तो समझदारी यही,
दिखा दो उसको उसकी जगह।

38. अपना दिमाग, अपना लहजा

ये बात ठीक,
सुनो सबकी,
करो अपनी,
हर जगह जाओ,
और अपनी नज़र आजमाओ।
किसी पे अंधविश्वास करना,
है जैसे धोखे में रहना,
सबका अपना-अपना देखने का ढंग,
अपना-अपना विश्लेषण,
अगर आपको सही निर्णय पे पहुंचना,
तो अपने पे रहना होगा निर्भर।

39. हिंदी- मेरी मातृभाषा

ये है मेरी दुसरी मां,
जिसमें कर पाता वार्तालाप,
लिख पाता चंद इरशाद,
छोटी-छोटी कहानियां और किस्से,
मेरी यही है पहचान।
अगर इसमें करूं बात,
बढ़ जाता मेरा खुद पे विश्वास,
लोग कहते हैं शिष्टाचारी,
मेरे हैं इसमें प्राण,
दिन-रात जीता मरता,
इसके साथ,
दोस्तो हिंदी है इसका नाम।

40. उसकी बेताबी

उसकी याद हमेशा जहन में,
नहीं जीने देती एक पल भी,
उसक और मेरा साथ,
जैसे शरीर और सांस।
जैसे ही मोबाइल बजता,
मेरा दिमाग उसकी और बाईबरेट होता,
तरहां तरहां के सुनहरे ख्बाब बुनने लगता।
लेकिन जब पाता नम्बर किसी और का,
तुरंत मायुस हो जाता,
और असलियत से रूबरू होता,
यही सदाचार दिन-रात चलता।

41. लिफाफे का रहस्य

इस लिफाफे में क्या,
शायद फिर उसका पैगाम,
एक बार मन करता,
छोड़ो,
और जो है,
उसका सोचो।
लेकिन दिमाग,
द्वदं में फंस जाता,
पैगाम पढ़े बगैर नहीं रहा जाता।
एक आस बंधती,
शायद फिर से जिंदगी बुलाती,
कोरे कागज पे,
हरियाली आ जाती।

42. बच्चा बनना, कठिन काम

बच्चे बनना नहीं आसान,
कहां से लाओगे,
वो मासूम मूस्कान,
वो शुद्ध दिल,
वो नटखट पन,
वो निडरता,
वो सच्चाई,
जो सिर्फ बच्चों में ही पाई।
अगर बनना है बच्चे,
तो फिर लाओ,
वो सबकुछ,
जो होता उनमें।

43. उस गुमशुदा का पता

सदा उसे ढूंढता,
उसका पता पुछता,
दर-दर की ठोकरें खाता,
गुगल पे सर्च करता,
जीपीएस भी युज़ करता,
लेकिन पता नहीं मिल पाता।
लेकिन हमने भी ठानी,
एक दिन ढूंढ निकालेंगे हम,
कब तक किस्मत रोकेगी,
राहें टोकेंगी।
शायद उसकी और की हवाओं को कैद करना होगा,
उसकी तस्वीर में बदलना होगा,
फिर उसे कोड में ढालना होगा,
उस कोड को उसके घर से मिलाना होगा,
फिर जाके मिलेगा उसका पता ठिकाना।

44. झूठा प्यार का एहसास

है शुक्र,
किसी को है हमसे प्यार,
चलो झुठा ही सही,
है तो इकरार।
हमने हजारों झूठ सहे,
हर बार मूंह के वल गिरे,
फिर उठे,
आगे बढ़े,इस बार इज्जत आबरू से भी चल दिए।
अब आपने जिताई,
इस नाचीज़ पे तबज्जो,
शायद आपकी हो इनायत,
हम भी प्यार करने का करें तकल्लुफ।

45. उसकी खुशबू में तरोतर

मैं तो हमेशा तैयार,
तुम एक बार,
आओ तो यार।
तुम्हारे गले लगने का नसीब,
कहां मिलता,
कब किसी को।
तुम्हारी खुशबू में नहाने का,
मौका कभी कभी आता जिंदगी में।
में तो घर बैठा बैठा,
तुम्हारी खुशबू में डुबा रहता,
भलां ये नशा भी कभी उतरता।

46. बिना पंख

पंख टूटे हुए तो क्या,
होंसले तो बुंलद,
आसमां छूने का प्रण अटल।
मन है बहुत मजबूत,
चला जाता है उड़ते पक्षी से दूर,
हार नहीं मानता।
हमेशा एक धुन में लगा रहता हूं,
वो दिन जरूर आएगा,
बिना पंख ही उड़ पाऊंगा।

47. छोटा बच्चा

मेरे अन्दर छोटा बच्चा,
हर बार मुझे उकसाता,
मुझसे वो काम करवाता,
फिर दिल को तसल्ली दिलवाता,
बच्चों की तरह जिद को बढ़ाता।
मेरे अन्दर छोटा बच्चा•••••
मन में अनेकों सवाल,
ढूंढता है उनके ज़बाब,
न मिले तो परेशान,
पीछा छुड़ाने से नाकाम,
मेरे अन्दर छोटा बच्चा•••••

48. मन की उड़ान

उड़ता है मन नीलगगन में,
देख सपने उस चमन के,
परीदों से मिल जाता खूब,
मुश्किलें कर देता चकनाचूर।
उड़ता है मन नीलगगन में......
इसकी नहीं कोई सीमा,
थकना नहीं इसने सीखा,
इसकी गति है सबसे तेज़,
पीछे रह जाते हवा के वेग,
उड़ता है मन नीलगगन में......

49. सपनों को पंख

पंख लगे सपनों को मेरे,
जवानी की चाहत,
सपनों से राहत,
मैहबुब का इंतजार,
कर देता दिल निसार,
पंख लगे सपनों को मेरे......
उसका मिलना,
समय का निकलना,
धड़कन का बढ़ना,
उसका चल देना,
पंख लगे सपनों को मेरे......

50. आखरी मुलाकात

वो मेरे पास आई,
उसकी मुस्कराहट छाई,
होंठ हीले,
कुछ बोलने लगे,
शायद ये आखरी बात,
अब है मिलना दुश्वार।
रोक नहीं सकते थे तुम••••••
धीरे से ऊठी,
कुछ कहे बिना पलटी,
और आगे बढ़ दी,
दिल ने कहा रोक ले,
दिमाग बोला,
छोड़ दे।

www.ingramcontent.com/pod-product-compliance
Lightning Source LLC
LaVergne TN
LVHW041546060526
838200LV00037B/1163
* 9 7 8 1 6 4 8 9 2 1 9 6 4 *